Made in the USA
Monee, IL
24 June 2022

98524426R00056